はじめに

●子どもたちは本当に手あそびがだ～い好き！

　手あそびって、実はこんなに楽しいのです！　子どもたちは手や足を、からだ全体を動かして遊びます。大きな声で愉しそうに歌います。もう見ているほうがうれしくなるくらいです。

　本書には、私が今まで実践してきたたくさんのあそびの中から、とくに大切にしてきたあそび、日本の子どもたちに伝えていきたいあそびを選んで掲載しました。

●DVDを付けました！

　7年前に『子どもと楽しむ　手あそびわらべうた』を発行し、「わかりやすい！

　使いやすい！　といろんな所で活用していただきました。今回はみなさんのご要望に応えて、手・指・足などの細かな動きがわかりやすいように、DVDを付けました。子どもたちの手の働きの順序性をおさえたあそびや、からだの動きを重点的にし、同じあそびでも年齢とともに複雑なあそび方ができるように工夫しています。この画像を見ていただくことで、よりあそびが理解できると自負しています。

　また季節感を取り入れたいので、4月から3月までのあそびに分別し、月ごとのお誕生日会などにも利用しやすいかと思います。「おまけのあそび」も付けました。

　私は、各保育園での実践、保育士研修や大学で保育を学ぶ学生への講義などで長年、実践を積み重ねてきました。あそびを通して、子どもとおとなが関わり、子どもどうしが関わり、心と心が通い合う人間に育ってほしいと願うばかりです。

　どうぞ、子どもたちと手あそびをお愉しみください。表情がステキです！

本書ではこんなふうにあそびを分けました

■手あそび
聞き伝えで変化してきたので、地域によって歌いかたや歌詞が違ったりしています。手をつかうあそびでメロディーがついたものをふくみます。

●わらべうた
してあげるあそび（顔あそび）、役交替してのあそび★、手をつかって遊ぶあそびもふくめて、わらべうたとしました。
とくに、手・腕・足をつかったあそびには、この記号◎があります。

▲ことばあそび
語呂合わせ、唱え、詩をふくめて、ことばあそびとしました。

DVD付き
手あそび・わらべうた

✝

もくじ

本文イラスト・タカノ　キョウコ

装画・田中せいこ

装幀・菅田　亮

ぼうがいっぽん

■手あそび

ぼうがいっぽん

採譜者　木下枝都子

ぼ　う　が　いっ　ぽん　　ぼ　う　が　いっ　ぽん　　ぼ　う　が　いっ　ぽん　　トン　トン　トン

う　え　むいて　　　した　むいて　　　○　○ちゃんは　　　どこ　だ

あそびの展開

・0歳児は指さしができるようになると、指を立て、物の名称を指そうとするようになります。

・お誕生会などでは、○○の部分にクラスの名前を言ったり、子どもの名前、保育者の名前を言って「どこだ？」と尋ねます。本人の名前を呼ばれると手を上げ、他の子どもは両方の人さし指で相手を指します。幼児組になるにつれ、名称を複雑にして、物の名称を理解させていくあそびです。

ぼうがいっぽん

ぼうがいっぽん

ぼうがいっぽん

右手人さし指を立てる

左手人さし指を立てる

指を左右にゆらす

トントントン

上向いて

下向いて

両手人さし指を
チョンチョンたたく

両手人さし指を上げる

上げた指を下に向ける

○○ちゃんはどこだ？

ピッ

両手の人さし指を
くるくる回す

相手や物を指す

カク カク カクレンボ

●わらべうた

カク カク カクレンボ

$\frac{2}{4}$

カク,カク, カクレンボ, チャワン ニ オタフク, スッペラポン!

頭に布をのせて「スッペラポン！」で布を自分の手で取る

あそびの展開 「いないいないばあ人形」で遊びます。

＼ カクカク カクレンボ ／

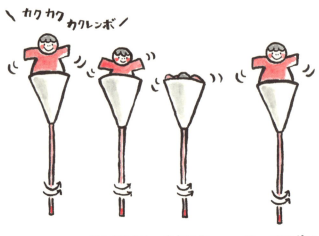

チャワンニ オタフク スッペラポン

「カク カク カクレンボ」と歌いながら人形を三角筒の中に隠していきます。最後の「スッペラポン！」で人形を出します。０歳児は目がクギ付けになります！
右の人形とは別の人形です。

いないいないばあ人形のつくりかた

人形げき団くまごろう

材料・用具

空ペットボトル（500ml）１つ・竹わりばし（30cmの１本）・わりばし１本・便座カバー（新しいのですよ！）・リングヘアーバンドまたはヘアーゴム・ポリエステル綿・フェルト（白・赤ほか）・目玉用のボタン２こ。ほかに、ししゅう糸・毛糸など。

太めの糸・木工用ボンド・はさみ・針・糸・カッターナイフ・定規

いない　いなーい　　バァ

つくりかた

① ペットボトルを口から10cmのところで切る。

② 普通のわりばしを４cmの長さに切る。

③ 竹わりばしの先から２cmのところを５〜７mmの幅けずって、へこみをつける（深さ１〜２mm）。

④ ③のへこみにボンドをぬって、②で切った４cmのわりばしを十文字に当て、太い糸を巻き付けてきつくしばる。

⑤ 便座カバーを先から21〜22cmのところで切る。

⑥ ④の十文字の部分に綿をかぶせて、その上に便座カバーをかぶせ、てるてる坊主のようにヘアーバンドかゴムでとめる。

⑦ ペットボトルの切り口のほうから⑥の竹わりばしのほうを差し込み、便座カバーをペットボトルにかぶせて口のところをゴムでしばってとめる。

⑧ 便座カバーの切り口から1.5cmぐらい内側をザクザクと縫って、ぬいしろをペットボトルの口の中に押し込みながらギュッと糸を引いてしぼる。さらに竹わりばしのまわりをぐるっと一周ぐし縫いしてとめる。

⑨ 耳、目、口などを縫いつける。

⑩ フェルトを手の形に２枚切って、カエルの胴体の左右に縫いつける。
　出来上がり！

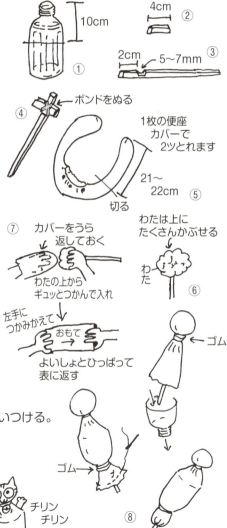

10cm　①

4cm　②

2cm　5〜7mm　③

ボンドをぬる　④

1枚の便座カバーで2ツとれます

21〜22cm　切る　⑤

⑦ カバーをうら返しておく

わたの上からギュッとつかんで入れ

左手につかみかえて　おもて

よいしょとひっぱって表に返す

わたは上にたくさんかぶせる　わた　⑥

ゴム

ゴム→

⑧　ギュッとしぼる

バァ　　ピヨッ　　ケロッ　　カパッ　　な〜んだ？　　チリンチリン

■手あそび

たんぽぽひらいた

作詞　こばやしけいこ
作曲　丸山亜季

たん ぽ ぽ 　 ひ ら い た 　 まっ き い ろ に 　 ひ ら い た

は な び ら と 　 は な び ら と 　 にっ こ り し な が ら 　 ひ ら い た

・たんぽぽの綿毛にみたてて手袋人形に息を吹きかけます。

・本物のたんぽぽの綿毛の吹きとばしっこを楽しみましょう。

・シロツメグサやたんぽぽで、くびかざり・腕輪・指輪を編み、
　冠_{かんむり}を作ります。

サンドイッチ

4月

▲ことばあそび

ハンカチをたたんでいくあそびです

参考文献 『おはなしハンカチあそび』（花形恵子著・偕成社）

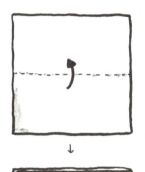

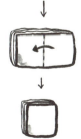

1　ぞうさんのサンドイッチ　おおきいな
　　バナナをはさんで　モグモグモグ

2　パンダのサンドイッチ　しかくにしましょう
　　ささのははさんで　ムシャムシャムシャ

3　うさぎのサンドイッチ　ぴょんぴょんサンド
　　にんじんはさんで　ポリポリポリ

4　わたしのサンドイッチ　たまごいり
　　おかあさんといっしょに　パクパクパク
　　あーおいしかった！

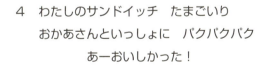

チュチュコッコ

●わらべうた

チュチュコッコ

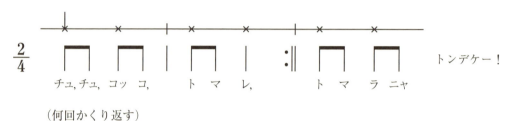

$\frac{2}{4}$ チュ, チュ, コッ コ, ト マ レ, ┊ ト マ ラ ニャ トンデケー！

（何回かくり返す）

あそびの展開

年齢ごとに変化をつけたあそびが楽しめます！

0、1歳

布を振って遊ぶ　　　　　「トンデケー」で布を高く飛ばす

2歳

飛ばした布を両手で取る

3歳

飛ばした布を片手で取れる

4歳

右手で布を飛ばして左手で取る
（その反対も）

5歳

2枚の布を飛ばして取れるようになる。
布を飛ばしている間に手をたたいて
（1〜5回）落ちてきた布を取る

できるかな

■手あそび

できるかな

採譜者　木下枝都子

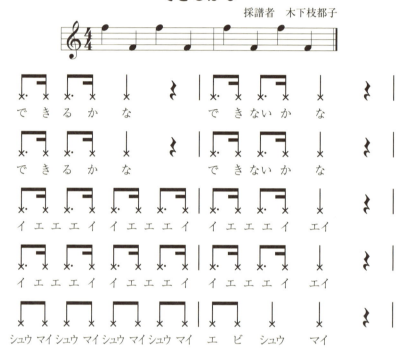

できるかな　できないかな
できるかな　できないかな

イエエエイ　イエエエイ　イエエエイ　エイ

シュウマイ　シュウ　マイ　シュウ　マイ　シュウ　マイ　エ　ビ　シュウ　マイ

2　できるかな　できないかな　できるかな　できないかな

　　イエエエイ　イエエエイ　イエエエイ　エイ

　　シュウマイ　シュウマイ　シュウマイ　シュウマイ　カニシュウマイ

3　できるかな　できないかな　できるかな　できないかな

　　イエエエイ　イエエエイ　イエエエイ　エイ

　　シュウマイ　シュウマイ　シュウマイ　シュウマイ　ブタシュウマイ

4　できるかな　できないかな　できるかな　できないかな

　　イエエエイ　イエエエイ　イエエエイ　エイ

　　シュウマイ　シュウマイ　シュウマイ　シュウマイ　タコシュウマイ

5 できるかな　できないかな　できるかな　できないかな
　　イエエエイ　イエエエイ　イエエエイ　エイ
　　シュウマイ　シュウマイ　シュウマイ　シュウマイ　イカシュウマイ

できるかな？　できないかな？（2回）

右手の手首を回して
横に

左手の手首を回して
横に

イエエエイ

右側に両手人さし指で
下に4回

イエエエイ

左側に両手人さし指で
下に3回

シュウマイ
シュウマイ

くるくる
まわす

1　エビシュウマイ

2　カニシュウマイ

ハサミだよ

3　ブタシュウマイ

4　タコシュウマイ

手は4本でタコ足のように動かす

5　イカシュウマイ

・手首がしっかり回せるようになる手あそびです。

・0歳児はおとなが手を持ってしてあげる。

・1、2歳児は3番までできます。

・3、4、5歳児は5番までチャレンジして！

・3番からの歌詞はおさなご保育園（尼崎市）の子どもたちが考
　えてくれたものです。

5月 キャベツの中から

■手あそび

キャベツの中から

作詞・作曲　不詳
採譜者　木下枝都子

1　キャベツの中から　　あおむしでたよ　ピッピッ　父さんあおむし

2　　〃　　　　　　　　　〃　　　　　　　〃　　母さんあおむし

3　　〃　　　　　　　　　〃　　　　　　　〃　　兄さんあおむし

4　　〃　　　　　　　　　〃　　　　　　　〃　　姉さんあおむし

5　　〃　　　　　　　　　〃　　　　　　　〃　　赤ちゃんあおむし

6　　〃　　　　　　さなぎがでたよ　パッパッ　ちょうちょになっちゃった

バスケット考案　向井潔子

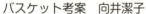

キャベツの中からあおむしでたよ
（最後・さなぎがでたよ）

右手はグー、左手はパーに
して右手を包む

左手はグー、右手はパーに
して左手を包む

ピッピッ（最後・パッパッ）

両手の親指を立てる。最後
の「パッパッ」は両手を
パーにする

父さん
あおむし

母さん
あおむし

兄さん
あおむし

姉さん
あおむし

赤ちゃん
あおむし

（最後）
ちょうちょに
なっちゃったー

あそびの展開

　フェルトで作ったバスケットをキャベツにみたて、歌いながら
その中からあおむしを出し、そのあとちょうちょを取り出して見
せます。

ちょうちょ

♪♪♪♪ ▲ことばあそび

（朝鮮の伝承あそび）

ちょうちょ　ちょうちょ　おりておいで
おまえの　父さんが　おんぶする
おまえの　母さんが　だっこする

あそびの展開

　おんぶか、だっこかどちらかを子どもに
選ばせて、おとながしてあげましょう。

エピソード

　年長児は照れますが、おんぶをすると
ニコニコ顔でした。家庭でも宿題です、
と伝えてだっこやおんぶで親子のスキン
シップをしてもらいました。

　いろんなちょうちょを作り、飛ばして見せます。

5日目 だるまさん だるまさん

●わらべうた

だるまさんだるまさん

だるまさん　だるまさん　にらめっこ　しましょ

わらうと　まけよ　あっぷっぷ

あそびの展開

あっぷっぷ！

2人組になって正座で向かい合い、歌いながら最後の「あっぷっぷ」で表情を楽しみます。先に笑ったほうが負け

レインボー・スティック（世界レインボー・スティック協会）でだるまさんの形を作って見せると大喜び！

たけんこが

た　けん　こ　が　　　は　え　た,　　　た　けん　こ　が　　　は　え　た,

ぶ　らん　こ,　　　ぶ　らん　こ,　　　さ　る　が　え　　り.

—さる人形のつくり方—

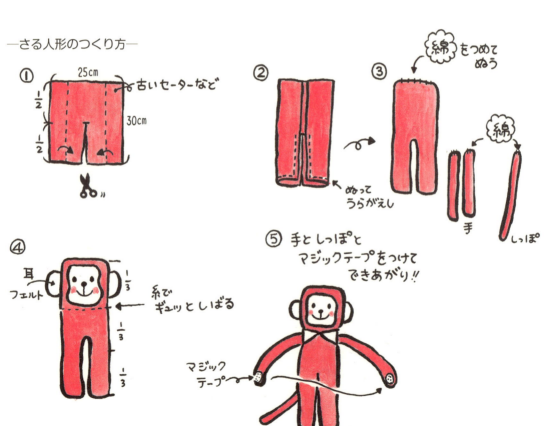

① 25cm　←古いセーターなど　30cm

② ←ぬって　うらがえし

③ 綿をつめてぬう　綿　手　しっぽ

④ 耳　フェルト　糸でギュッとしばる　1/3　1/3　1/3

⑤ 手としっぽとマジックテープをつけてできあがり!!　マジックテープ

マイおさる人形

1、2歳児はさるの人形の腕を持ち、歌に
あわせて動かす

3、4、5歳児は2人組になり、ゆすって遊ぶ

さるがえり！

あそびの展開

・さるの人形の手を長くして、マジックテープでとめるようにする
　と、1歳児は自分でおんぶした気分になり、ごっこあそびを楽し
　みます。

・ポッポ保育園（尼崎市）では、保護者に協力してもらい、子ども
　一人ひとりの「マイおさる人形」を作り、いつでも遊べるように
　ロッカーに入れています。

6月 ぴちぴちぴちぴち あめこんこん

■手あそび

ぴちぴちぴちぴち　あめこんこん

採譜者　木下枝都子

ぴ ち ぴ ち ぴ ち ぴ ち　あ め こん こん　ぴ ち ぴ ち ぴ ち ぴ ち　あ め こん こん

カン コン カン コン　や み ました　　カン コン カン コン　や み ました
（口で音をならす）　　　　　　　　　　　（同じ）

1　ぴちぴちぴちぴち　あめこんこん
　　ぴちぴちぴちぴち　あめこんこん

2　ざーざーざーざー　あめこんこん
　　ざーざーざーざー　あめこんこん

3　ぽつぽつぽつぽつ　あめこんこん
　　ぽつぽつぽつぽつ　あめこんこん

　　（口で音を4回ならす）　　やみました
　　（口で音を4回ならす）　　やみました

あそびの展開

・0歳児はおとなが抱っこして手を持ってトントンしてあげる。

・1歳児はまねて手をたたく（ペットボトルの底で作った**カスタネット**を手につけて遊ぶ）。

材　料　ペットボトルの底面　2コ、平ゴム、ビニールテープ

作り方　①ペットボトルを底面から1cmの高さで切る

　　　　②切った面をビニールテープで貼る

　　　　③左右1コずつ穴をあけ平ゴムを通す

　　　　④両手にカスタネットのように持つ

ぴちぴちぴちぴち
あめこんこん（2回）

上から下へ手をたたく

ザーザーザーザー
あめこんこん（2回）

両手で上から下におちる

ぽつぽつぽつぽつ
あめこんこん（2回）

ぽつぽつ

右手人さし指で
左の手のひらを
つつく

ぽつぽつ

右手人さし指で
右の手のひらを
つつく

2歳児以上の あそびかた

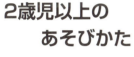

床に座り、手で床をたたく

床に座り、片足を上げ
トントンする

カン　コン　カン　コン

口で音をならす（4回）

やみました（2回）

両足跳び

立ってその場で歩いたり、両足跳びをする。かかとを
つけたまま、前足を上げる（障がい通所施設あこや学
園の子どもたちが考えてくれたあそびです）

6月

でんでんむし（かたつむり）

■手あそび

文部省唱歌

かたつむり

♩=92

でんでん　むしむし　かたつむ　り

おまえの　あたまは　どこにあ　る

つのだせ　やりだせ　あたまだせ

●印が替えうたです。早口ですが歌ってみましょう。

でんでんむしむし　かたつむり
●でっくりでんむっくりむし　かっくりかたつむり　くりこ

おまえのあたまは　どこにある
●おっくりおまえのあっくりあたまは　どっくりどこにある　くりこ

つのだせ　やりだせ　あたまだせ
●つっくり　つのだせ　やっくりやりだせ　あっくり　あたまだせ　くりこ

ダンボールのペープサートを作って見せながら歌いましょう。

ペープサート

5歳児—両手の親指と親指、人さし指と人さし指を合わせ、右手から重ねてのばしていく
番号順に歌詞の一語ずつ歌いながら指を動かします（①から⑧までくり返し）

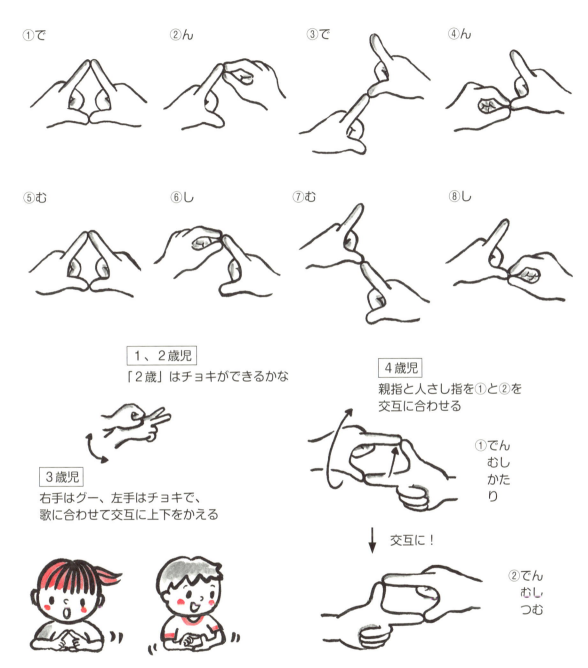

①で　②ん　③で　④ん

⑤む　⑥し　⑦む　⑧し

1、2歳児
「2歳」はチョキができるかな

3歳児
右手はグー、左手はチョキで、
歌に合わせて交互に上下をかえる

4歳児
親指と人さし指を①と②を
交互に合わせる

①でん
むし
かたり

交互に！

②でん
むし
つむ

楽しい指あそび

・0歳児にはおとながして見せます。

・1歳児—ゆっくり歌い、子どもができるところをさせます。

かたつむり

6月

▲ ことばあそび

● かたつむり　おかしいな
　めだまが　つのの上にある
　おかしくない　おかしくない
　めだまが上ならよくみえる

● かたつむり　おかしいな
　おなかと足とが　おんなじだ
　おかしくない　おかしくない
　おなかが足ならころばない

● かたつむり　おかしいな
　おうちを　しょって歩いてる
　おかしくない　おかしくない
　てきにあったらもぐりこめ！

● かたつむり　おかしいな
　動かないのとおんなじだ！
　のろくたっていいんだよ

あそびの展開

　年長児にはひとりで唱えられるように覚えさせましょう。相手を思いやる心、ほっこりできる心が育ってほしいと思い、「でんでんむし」のあそびのあとは、必ずこの「かたつむり」の詞を聞かせています。

ほたるこい

★役交替のあそび

ほたるこい

ほ た る こい　　や ま み ち こい

あ ん ど の ひ か り を ちょい と み て こい

ほたるこい！

やまみちこい！

あそびの展開

・0～3歳まではおとなが歌って聞かせてあげる。

・4、5歳児になると交互唱で歌えます。

　　おとな対子どもたち／女の子対男の子／年長対年中／おとなと

　　子ども（年長児）の1対1

りんごがころころ

■手あそび

りんごがころころ

採譜者　木下枝都子

りん　ご　が　ころ　ころ　　りん　ご　が　ころ　ころ　　みかん　かん　かん　　　みかん　かん　かん

ピー　マン　ピー　ピー　　ピー　マン　ピー　ピー　　かぼちゃ　ぼちゃ　ぼちゃ　　かぼちゃ　ぼちゃ　ぼちゃ

りんごがころころ（2回）　　　みかん　かんかん（2回）

両手をくるくる回す　　　両手グーにして片方
　　　　　　　　　　　ずつ前に出す

ピーマン

（2回）

ピーピー

かぼちゃ
ぼちゃぼちゃ（2回）

2　メロンがころころ　メロンがころころ
　　バナナむきむき　バナナむきむき
　　ぶどうがブチブチ　ぶどうがブチブチ
　　おいも　プップー　おいも　プップー

両手をくる
くる回す

メロンがころころ

バナナ
むきむき

ぶどうが
ブチブチ

おいも
プップー

おいもを食べたまねを
して腰を振る

3　トマトがころころ　トマトがころころ
　　れんこんこんこん　れんこんこんこん
　　だいこんすりすり　だいこんすりすり
　　たまねぎ　えーんえん　たまねぎ　えーんえん

両手をくる
くる回す

トマトがころころ

れんこん
こんこん

トントンと
切っている

だいこん
すりすり

腕を上から
下へさする

たまねぎ
えーんえん

あそびの展開

　ここには３番まで掲載していますが、2番から8番までの歌詞は公立保育所の年長組が考えてくれました。いろんなあそびかたを各園で工夫しています。

　　例　くだもの・おやつ・虫のシリーズなど

なっとうなっとうねばねば

■手あそび

なっとう

採譜者　木下枝都子

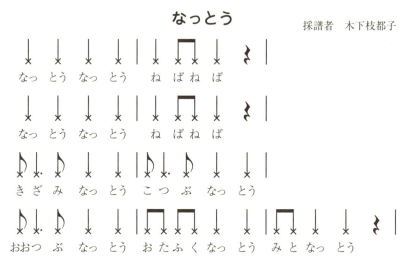

なっ とう なっ とう　ねばねば

なっ とう なっ とう　ねばねば

きざみ なっ とう　こつ ぶ なっ とう

おおつ ぶ なっ とう　おたふく なっ とう　みと なっ とう

なっとうなっとう

両手をくるくる
回す

ねーばねば

両手を左右横に伸ばし縮める

きざみなっとう

左手パー、右手でトントン

こつぶなっとう

両手で丸をつくる

おおつぶなっとう

両手を頭の上で
丸くつくる

おたふくなっとう

両手グーにして
ほっぺに置く

みとなっとう！

両手をパーにして前に出す

2　なっとう　なっとう　ねーばねば
　　なっとう　なっとう　ねーばねば
　　きざみなっとう　こつぶなっとう
　　おおつぶなっとう　おかめなっとう　みとなっとう　なっとう！

なっとうなっとう　　　　ねーばねば　　　　きざみなっとう　　　　こつぶなっとう

おおつぶなっとう　　　　おかめなっとう　　　　みとなっとう！

両手パーにして
ほっぺをおさえる

右手をパーにして
つき出す

なーっ　　　　とう!!

両手をくるくる回す

右手をグーにして
上につき上げる

もぐもぐもぐもぐ たべちゃった

採譜者　木下枝都子

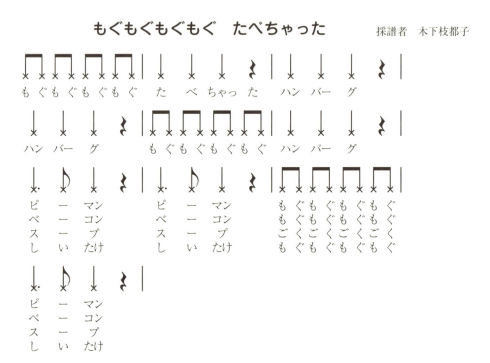

もぐ もぐ もぐ もぐ　た　べ　ちゃった　ハン バー グ

ハン バー グ　　もぐ も ぐ も ぐ もぐ　ハン バー グ

ピ ー マン　　ピ ー マン　　もぐ もぐ も ぐ も ぐ
ベ ー コン　　ベ ー コン　　も ぐ も ぐ も ぐ も ぐ
ス ー プ　　ス ー プ　　ご く ご く ご く ご く
し ー い たけ　　し ー い たけ　　も ぐ も ぐ も ぐ も ぐ

ピ ー マン
ベ ー コン
ス ー プ
し ー い たけ

あそびの展開

　　夏野菜を育て、収穫することで食べる意識が変化してきます。子どもたちも自分たちで育てたものはよく食べます。何が好きかな？　と質問すると、いろんな野菜の名前が言えるようになります。

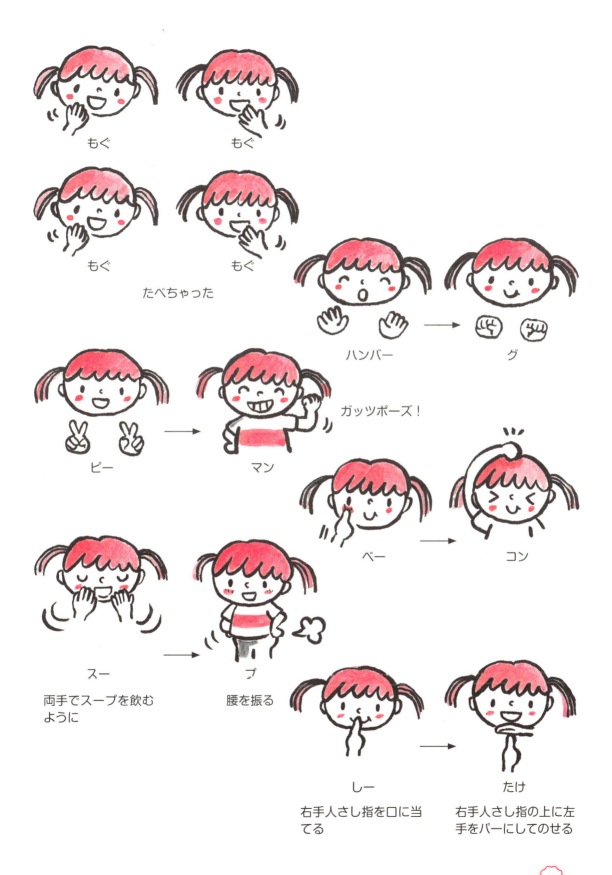

もぐ

もぐ

もぐ

もぐ

たべちゃった

ハンバー → グ

ピー → マン　　ガッツポーズ！

ベー → コン

スー → プ

両手でスープを飲む
ように

腰を振る

しー → たけ

右手人さし指を口に当
てる

右手人さし指の上に左
手をパーにしてのせる

7月

こんこんちきちき（お山）

♪♪♪ ★役交替のあそび

京都の祇園祭のおはやしで、32基の山ほこが町なかを引き回します

こんこんちきちき（お山）

こん、　こん、　ちき、ちき、　こんちき　ちん、

お　や　ま　の　お　ち　ご　さん！

あそびの展開

・1、2歳児は手をつないでいろいろな歩き方を楽しみます。

・3歳児は輪になって役交替のあそびをします。「おちごさん」のところで子どもの名前を言ってあげ、次の子どもと交替します。

◎手・腕・足をつかった
あそび

せんべせんべやけた

せんべ せんべ　や け た　　ど の せんべ　や け た　　こ の せんべ　や け た

せんべ

せんべ

あそびの展開

　オニ決めをするとき、すぐ自分の右隣りの子どもからはじめ、時計と反対方向に進みます。両手はパーにして。最後の「やけた」の「た」に当たった子がオニになります。

おすもうくまちゃん　くまのこちゃん
はっけよいよい　はっけよい　はっけよい
どちらがつよいか　はーあっけよい
しっかり　しっかり　しっかりね

おすもうくまちゃん　くまのこちゃん
はっけよいよい　はっけよい　はっけよい
ころんでまけても　はーあっけよい
ないてはだめだよ　だめですよ

あそびの展開

歌いながら動作を元気よくやってね！

①両手をパーにして、お
すもうさんがてっぽう
をするようにすり足で
前に進む

②両手をひざに当てて、
足を交替に上げ、しこ
をふむまねをする

③手のひらをつけてくっ
つけて押し合う

④たがいのお尻をくっつ
けて押し合う（おしり
ずもう）

エピソード

　おすもうの好きな子どもたち。おすもう大会では、しこ名をつけたり、幟を作ったりして盛
り上げている園もあります。むこっこ保育園（尼崎市）では、おすもう大会に向けて年長組さ
んが遠足で山の清水（力水と名付けている）を汲みに行きます。年長組になると、相手とのか
けひきのおもしろさを十分味わい、力まかせではなく技をみがくことも知ります。

やすべーじじーは

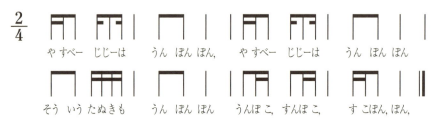

$\frac{2}{4}$

やすべー じじーは　うん ぽん ぽん,　やすべー じじーは　うん ぽん ぽん

そう いう たぬきも　うん ぽん ぽん　うんぽこ, すんぽこ,　す こぽん, ぽん,

・「うんぽんぽん」のところで手をたたきます。手も楽器になることを知らせ、音があうと気持ちよく楽しむことができます。

・動物を描いたカードを作り、なき声あそびをします。

チューチュー!

・下の詞はむこっこ保育園の年長児が考えてくれたことばあそびです。

やすべー　じじーは　うんどすこい
やすべー　じじーは　うんどすこい
そういう　おすもうさんも　うんどすこい
うんどすこい　すんどすこい　すこどすこい

やすべー　じじーは　うんピョンピョン
やすべー　じじーは　うんピョンピョン
そういう　カエルも　うんピョンピョン
うんピョン　すんピョン　すこピョンピョン

●ほかに　ぞう→　ドスンドスン　カメ→ノコノコ
　　　　　ネズミ→チューチュー

このぶたちびすけ

▲ことばあそび
■手あそび

このぶたちびすけ市場へまいった
　　　　〃　　　　おるすばんでござる
　　　　〃　　　　牛肉あぶった
　　　　〃　　　　なんにももたなんだ
　　　　〃　　　　ブーブーブー
いっしょに　おうちへよいとこらしょ

＊指をつまむときは「このぶたちびすけ」を最初に言う

（このぶたちびすけ）
市場へまいった

親指をつまみ
ゆすりながら言う

おるすばんでござる

人さし指をつまみ
ゆすりながら言う

牛肉あぶった

中指をつまみ
ゆすりながら言う

なんにも　もたなんだ

薬指をつまみ
ゆすりながら言う

ブーブーブー

小指をつまみ
ゆすりながら言う

いっしょにおうちへ
よいとこらしょ

指ぜんぶをつかむ

いちじく　にんじん
さんしょうに　しいたけ
ごぼうに　むくろじゅ
ななくさ　はつたけ
きゅうりに　とうがん
（くわいに）

登場する野菜を絵に描いて、1枚ずつペープサートにて、
歌に合わせて順番に札を挙げていく。

身体で表現するとき──子どもたちが立って円を作ります。「いちじく、にんじん～」と歌いながら頭をさわられたら座っていき、最後の子どもまでいくと、次からは今度は立っていきます。これを何回か繰り返します。

いちじく　　　にんじん　　　さんしょうに　　　しいたけ

ごぼうに　　　むくろじゅ　　　ななくさ

はつたけ　　　きゅうりに　　　とうがん

「むくろじゅ」は、「むかご」と言うところもありますが、私が最初に覚えたのは、むくろじゅでした。この実が羽子板の羽根の先と教えていただき、現在は羽根も知らない子どもたちが多いなか、あえて伝えていきたいと思っています。

田能っ子保育園（尼崎）5歳児さんと遊んだとき、野菜の名前を図鑑で調べて絵に描いて唱えてくれました。「とうがん」は、苗を買ってきて植え、収穫すると料理にしてくれました。

こーんこん　きつねがね

採譜者　木下枝都子

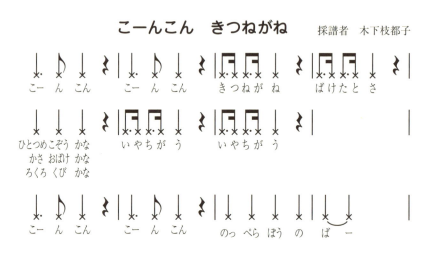

こー　ん　こん　　　こー　ん　こん　　　きつねがね　　　ばけたと　さ

ひとつめこぞう　かな　　　いやちがう　　　いやちがう
かさ　おばけ　かな
ろくろ　くび　かな

こー　ん　こん　　　こー　ん　こん　　　のっ　ぺら　ぼう　の　　ばー

あそびの展開

・指が１、２、３と出るようになるのは、２歳児クラスでも３歳になったらできるようになります。きつねさんができるようになると、お箸（はし）が持てるようになります。

きつねさんの作り方

・「お父さん指とお兄さん指とお姉さん指をくっつける」とことばで言い、理解をさせます。

・ペープサートにいろんなおばけの絵を描いて見せます。

こーんこん　こーんこん
きつねがね

きつねの指をする

ばけたとさ

ひとつめ
こぞうかな？

いやちがう
いやちがう

両手と身体全体をゆする

かさおばけかな？

いやちがう
いやちがう

ろくろっくびかな？

手首をひっくり返す

いやちがう
いやちがう

こーんこん
こーんこん

のっぺらぼうの

ばー!!

ムギツキ

◎手・腕・足をつかった
あそび

ムギツキ

$\frac{2}{4}$

ム　ギ　ツ　キ　　コッ　テン　ショ　　ア　ワ　ツ　キ　　コッ　テン　ショ

あそびの展開

「ムギツキ」「イモニメガデテ」

何度も唱えて遊びます。

おとなのひざの上に子どもを
向かい合わせに乗せ、前後に
ゆすりながら唱える

「イモニ」から、ひざを上下に
ゆすり

「ホイ」で脇をくすぐる

3歳以上は2人組になり、船こぎする

イモニメガデテ（芋に芽がでて）

◎手・腕・足をつかった
あそび

イモニメガデテ

$\frac{2}{4}$

イ　モ　ニ　　メ　ガ　デ　テ　ハ　ガ　デ　テ　ホ　イ

「イモニメガデテ」のじゃんけんあそび

イモニ グー

メガデテ チョキ

ハガデテ パー

ホイ！
（じゃんけん）

勝つと…
バンザーイ

まけると…

あいこで…

もうひとつのバリエーション

勝つと…相手をくすぐる

あいこで…握手

★役交替のあそび

なべなべ

な べ、 な べ、 そっ こ ぬ け、

そっ こ が ぬ け たら かえ り ま しょ！

あそびの展開 （3歳以上のあそび）

①2人、4人、8人組と増やしていきます。ひとつの大きな輪になって中向きになり、お
となが子どもの名前を呼んであげ、呼ばれた子どもは手を離し、後ろ向きになって手を
つなぐ（左図）。

②2歳児以上から遊んだときは、おとながクラスの名前を言ってあげ、呼ばれたクラスの
子どもが後ろ向きになる。男の子、女の子、長ズボンをはいた子などを呼び、おとなが
指示したことを聞いていないとわからないことを知らせる（右図）。

（5歳児）

③2人組になり円になる。「なべなべ」まで両手をつないで左右に振る。「そこぬけ」で半
　回転し、背中合わせになったまま、ゆさぶりながら「そこがぬけたらかえりましょ」で
　右足から半回転し、次の相手と手をつなぐ。

そこぬけ

なーべなーべ

そこがぬけたらかえりま

しょ

なーべ
なーべ

くり返す

そーめん　にゅーめん　ひやそーめん

8月

■手あそび

そーめん　にゅーめん　ひやそーめん

かきがらちょうの　ぶたやのつねこさんが

ちんぴちんぴ　ちんぴちんぴ

だいこんおろし　だいこんおろし　だいこんおろし

店ですか　おくですか（※おとなが子どもに尋ねる）

店です（いらっしゃいませ）

おくです（はい　おまちどうさま）

そーめん
　にゅーめん
　　ひやそうめん

子どもの手を持ち、腕の上から下へなでる

かきがらちょうの

手の甲を4回かく

ぶたやの

手の甲をたたく

つねこさんが

手の甲をつまむ

ちんぴちんぴ
ちんぴちんぴ

親指と人さし指で腕の下から
上につまんでいく

だいこんおろし
だいこんおろし
だいこんおろし

大根おろしをするように腕の
上から下にすっていく

店ですか？　おくですか？
（おとなが子どもに尋ねる）

店です（子どもの答）

「いらっしゃいませ」と言い
ながら両腕からこそばせて進
み、両脇をくすぐる

おくです（子どもの答）

「はい、おまちどうさま」と
言って、両脇まで思い切り手
をのばしくすぐる

■手あそび

トコトコトコちゃん

作詞・鈴木克枝
作曲・鈴木克枝／植田光子（編曲）

トコ　トコ　ト　コ　ちゃん　　さん　ぽ　し　て

い　し　に　つ　ま　ず　い　た　　　　　（アイタ）

1、トコトコトコちゃんさんぽして　いしにつまずいた　アイタ
2、トコトコトコちゃんさんぽして　バナナをふんじゃった　ツルン
3、トコトコトコちゃんさんぽして　ガムをふんじゃった　ビヨヨーン
4、トコトコトコちゃんさんぽして　おいけにおっこちた　ドブン

あそびの展開

・トコちゃん人形と名付けたお人形をトコトコ歩かせて子どもたち
　に見せます。
・子どもの手を持ち、歌に合わせて手あそびをします。とくに０歳
　児は喜んでして欲しがります。

トコトコトコちゃんさんぽして（４番までくり返し）

子どもの手を持ち、おとなの人さし指と中指で頭まで上がる

①いしにつまずいた　アイタ！

頭上をコツンとする

②バナナをふんじゃった　ツルン！

上げた手を腕にそってツルンとすべりおちる

③ガムをふんじゃった　ビヨヨーン！

２本指でくるくるしながらビヨヨーンとすべりおちる

④おいけにおっこちた　ドブン！

両腕を前にしてつなぎ、腕のすきまを池にみたてて指を入れる　ドブン

× 　 × 　 × 　 ×
かじやの　かっちゃん　おいでかな？
× 　 × 　 × 　 ×
いますよ　います　わたしです
× 　 × 　 × 　 ×
ていてつ　ひとつ　うてるかい？
× 　 × 　 × 　 ×
ひとつと　いわず　いくつでも
× 　 × 　 × 　 ×
くぎ　いっぽん　ぽんぽんぽん
× 　 × 　 × 　 ×
もう　いっぽん　はいおわり

あそびの展開

　長く歩けるようになった子どもたちも、足が疲れます。×印の
ところで、足の裏を軽くたたいて刺激します。お昼寝の前にして
みましょう。「かっちゃん」のところを、子どもの名前を言って
あげるとうれしそうでした。

ころりやころりや

9月 ▲ことばあそび

ころりや　ころりや　ちんころり

ころりとなくのは庭の虫

虫のお宿は　おみなえし

尾花　かるかや　はぎ　ききょう

七草ちぐさの　かずよりも

かずある虫のかずよりも

だいじなこの子がねんねする

だいじなこの子がねんねする

香川県の子守うた

秋の七草のおぼえかた
お　みなえし
す　すき
き　きょう
な　でしこ
ふ　じばかま
く　ず
は　ぎ

あそびの展開

　乳児には、唱えて聞かせてあげましょう。年長児になると秋の七草を教えましょう。散歩にでかけたときは、花屋さんで見つけたり、公園などに咲いている花にも関心をもたせていきましょう。

おむねをはりましょ

作者不詳

おむねを はりましょ のばしま しょ おてては

りょうほう うしろに くんで ぐーんと おむねを

はりましょう りっぱな しせいに なりました

あそびの展開

　みんなで正座をして座ります。最後のあいさつとして、両手で三角をつくり、おじぎをします。イスの生活で正座をする機会が少なくなり、背すじを伸ばすことができず、身体グニャの子どもが多くなりました。一日一回でも姿勢を正すことを心がけましょう。

おむねをはりましょ
のばしましょ

両手を胸の前で上下に振る

おてては　両方　うしろに組んで
　　ぐーんとおむねを　はりましょう

右手前、左手前に出す
両手を後ろに組み、胸をつきだすよ
うにする

りっぱな姿勢に　なりまし㋟

㋟で手はおひざ

手を7回たたく

両手を三角の形にして、ひざの前に手を置き、
あいさつをする
昼寝前だと「おやすみなさい」
別れるときは「さようなら」

なにかな　なにかな

■手あそび

なにかな　なにかな

作詞・作曲　二本松はじめ

なにかな なにかな　な に かな　　グー かな チョキ かな　パー かな

グー チョキ パー　　グー チョキ パー　　グー チョキ パー で　ジャン ケン ポン

あそびの展開

（３歳以上からのあそび）

・２人組になってじゃんけんあそびをする。

・勝ったら相手をくすぐる。あいこで握手をする。

いっぷくたっぷく

10日

▲ことばあそび

いっぷく　たっぷく　たびらか　もっぱい
おんろく　ちんぴん　しきしき　ごっけん
つるりん　どん！

| いっぷく | たっぷく | たびらか | もっぱい | おんろく |
| ちんぴん | しきしき | ごっけん | つるりん | どん！ |

最初の子が右手で人形を上げ、次々順番に上げていく。最後の子の右手が上がったら、今度は左手で人形を上げ、順番に上げていきます。両手全部が上がったら、今度は順番に手（人形）を下ろしていきます

あそびの展開

　５歳児は棒人形を持ち、順番に上に上げていきます。10までいくと今度は下ろしていきます。１対１対応のあそびになり、数への興味をもちはじめます。

くまさん　くまさん

くまさん　くまさん　まわれみぎ

くまさん　くまさん　りょうて　を　ついて

くまさん　くまさん　かたあしあげて

くまさん　くまさん　さようなら

3歳以上―2人組になって向かいあい、歌のとおりに動作をする

くまさんくまさん　まわれみぎ

手をたたく。右回りにまわる

くまさんくまさん　りょうてをついて

両手を合わせる

くまさんくまさん　かたあしあげて

片足を上げる

くまさんくまさん　さようなら

おじぎをする

あそびの展開

・５歳児─片手でまりつきをする。

　上達すると、歌にあわせた動作でまりつきをするようになります。

・むこっこ北保育園（尼崎市）のさくら組さんは、まりつきが大好き
　になり、いろんなパターンでまりつきを楽しみました（「あんたが
　たどこさ」「お寺のおしょうさん」「さざえさん」など）。

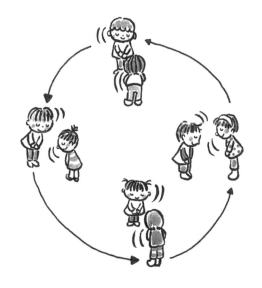

輪になって、４歳児は内側、
５歳児は外側になります。

さようならでおじぎをして、
５歳児は右にずれます。

こんこんこやま

10月

▲ことばあそび

こんこん小山のこうさぎは
なぜにお耳が長うござる
　おっかちゃんのぽんぽにいたときに
　長い木の葉をたべたゆえ
　それでお耳が長うござる

こんこん小山のこうさぎは
なぜにおめめが赤うござる
　おっかちゃんのぽんぽにいたときに
　赤い木の実をたべたゆえ
　それでおめめが赤うござる

あそびの展開

・タオルで作ったうさぎの人形を抱き、なでながら言っていきます。

・子どもたちもやさしく抱っこしていましたよ。

あずきちょ

●わらべうた

あずきちょ

2/4　あ　ず　き　ちょ　まめ　ちょ　や　かん　の　つぶ　れ　ちょ

あそびの展開

・頭の上にお手玉を乗せて歩き（１歳から５歳まで）、最後の「つぶれちょ」で頭からお手玉を下に落とし、手で受け取ります。

・背すじをまっすぐにし、頭をぐらぐらさせないように。

・乳児は布を頭に乗せて歩きます。このあそびで気持ちの集中ができるようになりました！

つぶれちょ

のらねこがハイ

作詞・作曲　谷口國博

のらねこが　ハイ！　　ないて　いる　ハイ！　　まゆげを　と　と　の　え　て　ピン！

① のらねこがハイ　　ないているハイ　　まゆげをととのえて　　ピン
② 〃　　　　　　　　 〃　　　　　　　 かきねのすきまから　　ニン
③ 〃　　　　　　　　 〃　　　　　　　 おひげをピンとたてて　　ピン
④ 〃　　　　　　　　 〃　　　　　　　 おみみをピンとたてて　　ピン
⑤ 〃　　　　　　　　 〃　　　　　　　 ねずみをつかまえた　　ニャー！

＊「のらねこがハイ　ないているハイ」まで動作は同じ

のらねこが　　　　　　ハイ　　　　　ないている　　　　ハイ

指を５本立てて右左右と上下に動かす
ハイは手を打つ

① まゆげをととのえて　　　　ピン！　　　②かきねのすきまから　　　　ニン

指を１本立てて顔の前で動かす
ピンで眉の上に手をかざす

指を２本立てて、左右に動かす
指２本のすきまからのぞく

③おひげをピンとたてて　　　ピン

指を３本立てて胸の前で手をクロスに動かす
ピンで腕をとめる

④おみみをピンとたてて　　　ピン

指を４本立てて顔の前で動かす
ピンと手で耳をつくる

⑤ねずみをつかまえた　　　ニャー！

手をこぶしにして、動かす
ねこがねずみをつかまえる

・まてまてあそびの大好きな１歳児は、おとながねこになり、子どもた
　ちはねずみになって逃げます。

・２歳以上児は、おしりにしっぽをつけ、ねことねずみに分かれて遊び
　ます。しっぽは、せんたくバサミとビニール袋とビニールテープで作
　りました。洋服の上からでもはさむことができ、冬の戸外でジャン
　パーを着た上からでも自分で付けることができます。

・３歳児がねこになり、５歳児はねずみで４つ足になって逃げます。な
　かなかつかまえることができず、お互いに息をきらす場面もありまし
　た。

しっぽとりのしっぽ

いちり にり さんり

◎手・腕・足をつかった
あそび

（寝てするとき）

いちり	両足の親指をつかむ
にり	足首をつかむ
さんり	ひざをつかむ
しりしりしり	両側でおしりをくすぐる

（ひざに乗せてするとき）
手で指先をつかむ
手首をつかむ
ひじをつかむ
脇の下をくすぐる

あそびの展開

　乳児をだっこ（向かいあって）して、指先をつかみ、ゆすり、を順番にしていく。最後にくすぐるとキャッキャと笑います。あそぼう会で親子で遊ぶと、はじめは笑えない子どもたちも何回かするうちに声をたてて笑うようになってきました。

　気分がほぐれてくると、頭・背中・おしり・足の裏をくすぐり、大喜びの声が部屋中に響き渡りました。子どものころ楽しんだいろんな身体の部位を刺激するあそびを伝えていきたいものです。

おじゃましても
いいですか？

■手あそび
▲ことばあそび

「2階へあがらしてや」の（バリエーション）

おじゃましてもいいですか	どうぞ（子どもの返答）
2階へあがってもいいですか	うん
部屋に入ってもいいですか	はい
電気をつけてもいいですか	はい
あばれてもいいですか	いいよ

おじゃましても
いいですか

（どうぞ）
手のひらをくすぐる

2階へあがっても
いいですか

（うん）
腕をとことことこ

部屋に入っても
いいですか

（はい）
頭をとことことこ

電気をつけても
いいですか

（はい）
耳をぴかぴかぴかぴか

あばれてもいい
ですか

（いいよ）
両手でくすぐる

あそびの展開

・子どもとのやりとりを楽しみます。

・子どもの返答を待ち、「どうぞ」「うん」など言ったらしてあげます。ことばに出さず首を振るだけの子どももいますが、あそびを始めると楽しんでいます。

12日 あたま・かた ひざ・ポン

■手あそび

あたま・かた・ひざ・ポン！

イギリス民謡
訳詞　高田三九三

♩=120

あ　た　ま　か　た　　ひ　ざ　ポン　　ひ　ざ　ポン　　ひ　ざ　ポン

あ　た　ま　か　た　　ひ　ざ　ポン　　め　　み　み　は　な　く　ち

あたま	かた	ひざ	ポン
①⑨　両手を頭の上に乗せる	②⑩　両手を肩の上におく	③⑤⑦⑪　両手をひざの上に乗せる	④⑥⑧⑫　拍手をする

め	みみ	はな	くち
⑬　両手で目をさす	⑭　両手で耳をつかむ	⑮　両手で鼻をさす	⑯　両手で口をさす

あそびの展開

・親子で遊ぶときは子どもをひざの上に乗せ、顔が向き合うようにして遊びます。また、さわる場所を変えていくのも楽しいです（例　おなか・むね・おしり・足など）。

・動きをだんだん早くしていきましょう。

うまはとしとし

12月

◎手・腕・足をつかった
あそび

うまはとしとし

うま　は　と　し　と　し　な　い　て　も　つ　よ　い　うま　は

つ　よ　い　か　ら　の　り　て　さん　も　つ　よ　い　　ドスン

あそびの展開

・おとなが床の上に座って足をのばし、向かい合って子どもをひざの上に乗せ、トントンと弾ませてあげる。

・「ドスン」で足を広げて子どもを落とすと大喜びしますよ。

「うまはとしとし」のバリエーション

・子どもをおんぶして歩いたり、走ったりします。今の子どもはおんぶされることが少ないので、背中に添うことができません。何度かくり返すうち、楽しくてキャッキャッと声を出すようになります。私は子育てサークルでのあそびでは必ずこれを取り入れて、親子で楽しんでもらっています。

くまさんのおでかけ

12月

▲ことばあそび

「くまさんのおでかけ」（中川李枝子・作「おはなしのろうそく1」から）

一本道をテクテク　くまがお出かけ　「いってまいります」

一本道をテクテク　や、水たまり　「泳いでわたろう」

一本道をテクテク　や、石ころ　「ヨイショとこえよう」

一本道をテクテク　や、山ぶどう　「こりゃうまそう、パクン」

一本道をテクテク　や、行きどまり　「まわれみぎ！」

一本道をテクテク　や、山ぶどう　「こりゃうまそう、パクン」

一本道をテクテク　や、石ころ　「ヨイショとこえよう」

一本道をテクテク　や、水たまり　「泳いでわたろう」

一本道をテクテク　くまがおかえり　「ただいま！」

あそびの展開

・くまの人形を使い、文章をくちずさみながら、おとなの腕（左手）をテクテク歩かせて見せます。

一本道をテクテク　くまがおでかけ
「いってまいります」

おとなの後ろに子どもたちが並んで歩く

や、水たまり

「泳いで
わたろう」

泳ぐまねをする

や、石ころ

「ヨイショと
こえよう」

足を上げ渡る

や、山ぶどう

「こりゃうまそう、
パクン」

食べるまねをする

や、行きどまり

まわれみぎ！

とまる

まわれみぎをして、山ぶどうからはじめる

トノサマオチャクザ
（殿さまお着座）

◎手・腕・足をつかった
あそび

トノサマ　オチャクザ
フタリノ　ゴケライ
オンドリ　メンドリ
イソイデ　ゴニューライ
チン　チョッ　パー
チン　チョッ　パー
チン　チョッ　パー　チン

トノサマ　オチャクザ

ひたいに手のひらをあてる

フタリノ　ゴケライ

人さし指で右、左の目を指す

オンドリ　メンドリ

人さし指で右、左のほほをつく

イソイデ　ゴニューライ

言いながら子どもの口の前で2本指
（人さし、中）を忙しく動かす

チン　チョッ　パー
チン　チョッ　パー

こぶしを子どものあごに当て
左右にしごくようにする

チン　チョッ　パー　チン

「チン」であごを上に向ける

ゆきは一升

◎手・腕・足をつかった
あそび

♪ゆきは一升

ゆき は いっ しょう あられ は ごん ごう

あそびの展開

・雪のイメージで白い布を持ち、雪が振ってくるように振ります。

・布を丸めて雪合戦をしますが、相手に当たっても痛くないので安心。1歳児は投げようとしますが、思うようなところに投げられない子もいるので、相手の側まで行き、当てるようにしたら満足気でした。

おはぎがおよめに

アメリカ民謡

おはぎがおよめに　いくときは　あんこときなこで　おけしょして

まあるいおぼんに　のせられて　ついたところが　おうせつま

おはぎが　およめに　いくときは

手のひらでおはぎを丸める

あんこと

右手をかえす

きなこで

左手をかえす

おけしょして

両手でほっぺたを
くるくる

まるいお盆にのせられて

手を丸くあわせる

ついたところが応接間

手をたたく

「いただきます」

あそびの展開

・床にビニールテープで図を描く。

・2組になり、イラストにある番号の順番どおりに、前・後ろ・横に跳び、最後に振り
　返ってじゃんけんをする。

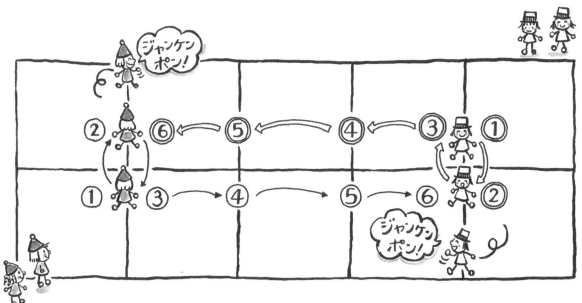

※1～6のくり返しで跳ぶ

く り 返 し	1	スタート		8	きなこで	（後ろ）	15	られ	（横）
	2	おはぎが	（前）	9	おけしょ	（横）	16	て	（横）
	3	およめに	（後ろ）	10	し	（横）	17	ついた	（前）
	4	いく	（横）	11	て	（横）	18	ところが	（後ろ）
	5	とき	（横）	12	まあるい	（前）	19	おう	（横）
	6	は	（横）	13	おぼんに	（後ろ）	20	せつ	（横）
	7	あんこと	（前）	14	のせ	（横）	21	ま	（ひっくり返る）

あんたがたどこさ

あんたがたどこ(さ)　肥後(さ)　肥後どこ(さ)　熊本(さ)
熊本どこ(さ)　せんば(さ)　せんば山には　たぬきがおって(さ)
それを猟師が　鉄砲で　撃って(さ)　煮て(さ)　焼いて(さ)　食って(さ)
それを木の葉で　ちょっとおっかぶせ

あそびの展開

3歳児以上

・丸くなって座り、㋚のところで隣にまりを渡す。

・2人組、3人組になって、㋚のところでまりを相手に渡す。
歌にあわせてついていき、どんどん㋚が早くなってくると息
が合わないとできません（尼崎市のむこっこ北保育園さくら組
さんが考えてくれた遊び方です）。

まりつきのとき

・㋚のところで足をくぐらせます

けんぱのとき

・歌にあわせてケンケンをしていき
㋚のところで足を開く

あめこんこん

1
(三)

▲交互唱

あめこんこん

あめこん　　こん　　ゆきこん　　こん　　おらえの

まえさ　たん　とふ　れ　　おてら　の

まえさ　ちっとふ　れ　　あめこん　　こん

ゆきこん　　こん

あそびの展開

年長児と一緒に交互唱に歌います。

とんとんとんとんアンパンマン

作詞　不　　　明
作曲　玉　山　英　光

とん とん とん とん　アン パン マン　　とん とん とん とん　しょ く ぱん まん

とん とん とん とん　かれ ー ぱん まん　　とん とん とん とん　お む すび まん

とん とん とん とん　バイ キン マン　　ラ ラ ラ ラ　どきん ちゃん

とんとんとんとん

両手をこぶしにして
右左を交互に上下する

あそびの展開

・手をつかうあそびをたくさんすると、手首の回転が

　しなやかになってきます

アンパンマン

グーにした手を
ほっぺにつける

しょくぱんまん

パーで顔の上下をはさむ

かれーぱんまん

ほっぺをムニュッとつまむ

おむすびまん

両手を頭の上に

バイキンマン

頭の上に角2本

ラララ

両手を上げて上から下へ
キラキラ

どきんちゃん

胸の前で腕を交差する

（ドキドキ）

交差した腕を上下する

75

大阪には うまいもん

■手あそび

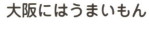

大阪にはうまいもん

作　詞　長谷川義史
採譜者　木下枝都子

おさかには　うまい　もん　が　いっ　ぱい　あるんや　で

たこやき　ぎょうざ　おこの　みや　き　ぶた　まん

2　大阪にはうまいもんが　いっぱいあるんやで
　　いかやき　ばってら　あわおこし
　　おこしやす

3　大阪にはおもろいもんが　いっぱいあるんやで
　　かにどうらく　くいだおれ　もんじゃやき
　　なんでやねん（または）ちゃうやん

大阪にはうまいもんが　いっぱいあるんやで

両手を組み左右にゆらす

たこやき

親指と人さし指で○をつくる

ぎょうざ

両手で耳を抑える

おこのみやき

手をコテのようにして返す

ぶたまん

人さし指で鼻を押さえる

大阪にはうまいもんが
いっぱいあるんやで

両手を組み左右にゆらす

いかやき

両手を頭の上で三角にする

ばってら

両手を組み上下に押す

あわおこし

両手でグーパーをして上げ下げする

おこしやす

おじぎをする

大阪にはおもろいもんが
いっぱいあるんやで

両手を組み左右にゆらす

かにどうらく

人さし指と中指でチョキをつくる

くいだおれ

人さし指でタイコをたたく動作

もんじゃやき

両手で上下に振る

なんでやねん

片手で上から下に
振り下ろす

（または）

ちゃうやん

片手で左右に振る
（ちがうちがうの動作）

なかなかほい

◎手・腕・足をつかった
あそび

なかなかほい

な　か　な　か　ほい
そ　と　そ　と　ほい

そ　と　そ　と　ほい
な　か　な　か　ほい

な　か　そ　と　そ　と　な　か　な　か　な　か　ほい
そ　と　な　か　そ　な　か　そ　と　そ　と　ほい

あそびの展開

いないいないばあ人形（6ページ
参照）を見せ、歌って聞かせる

0歳児

1歳児

手をたたき「ほい」のところで
頭に手を置く。顔の目鼻口耳を
触る

2歳児

好きに歩き「ほい」のところで止まったり、
ジャンプするなど動きを

なかなかほい　そとそとほい

なかなかほい─両手を前に出し３回上下に振る
そとそとほい─両手を横にし、３回上下に横に振る
なか─両手を前に出す
そと─両手を横にする
そと─両手を横に振る
なか─両手を前に出す
なかなかほい─両手を前に出し、３回上下に振る

4歳児

なかなかほい　　そとそとほい

足でグーパーの動きをする
なかなかほい　　グー
そとそとほい　　パー
なか　　　　　　グー
そと　　　　　　パー
そと　　　　　　パー
なか　　　　　　グー
なかなかほい　　グー

5歳児

①２人組になり、手と足を歌にあわせて動作する
②手はグー、足はパー、または手はパー、足はグーに
　してむずかしい動きにもチャレンジしてみましょう

からすからす

1 －	か	ら	す,	か	ら	す,	どこ　さ　いぐ?
2 －	てん	ね	ー	じ	の	ため	ゆー　に　さか　いぐ.
3 －	て	に	もっ	た	の	は	なに　いろ　の　こいな?
4 －	あ	わ	の	こ	め,		あか　の　なわいめ.
5 －	おれ	に	も	ちっ	と	ば	あく　れ　わいか?
6 －	く	れ	れ	ば			へ　る　わ　れば　な.
7 －	へっ	た	ら	ま	た	ば	つ　ぐ　れ　ばち　いい.
8 －	つ	ぐ	め	だ	ば	り	つ　め　だれ　ばち　よ.
9 －	つ	め	だ	け		ゃ	あ　だ　れ　ばち　いい.
10 －	あ	だ	れ	ば			あ　あっ　ち　けち.
11 －	あ	つ	い	な	ら		そい　ひ　だ　いよ.
12 －	そ	こ	ひ	き	ゃ		い　だ　い　よ.

(となえる)

13 － ｜ イ　ダ　ケ　リャ ｜ イ　タ　チ　ノ ｜ ク　ソ　ツ　ケ ｜ ロ　　～ ‖

ジャンケンをして、勝ったほうから歌い始める

じゃ　ん　けん,　ぽっ　くり　げ　た,　ひ　より　げ　た　!

からすからす
どこさいぐ？

両手ひじを曲げて身体
の両側で前後に振る
（ランニングのように）

てんねーじの
ゆーさいぐ

両手をひろげて
上下に振る

てに　もったの
なにかいな？

右手人さし指を出し、相
手のほうを尋ねるように
指す（上下反復運動で）

あわのこめ
あわのこめ

左手のひらの中に右
手でだんごを丸める
（8回）

おれにもちっとは
くれないか？

右手人さし指で自分
の鼻を指す（8回）

くれれば
へるわいな

右手を断るように顔
の前で左右に振る

へったら　また
つぐればいい

左手のひらの中に右手で
だんごを丸める（8回）

つぐれば
つめだいよ

両手のひらを中向き
にして手の水をきる
ように上下に動かす

つめだけりゃ
あだればいい

両手のひらを相手の
ほうに向けて8回押
すように動かす（火
にあたるしぐさ）

あだれば
あっちちち

両手のひらを中
向きにして手の
水をきるように
上下に動かす

あついなら
そこひけよ

右手で断るよう
に顔の前で左右
に振る

そこひきゃ　いだいよ

両手ひじを曲げて身体の両側で
前後に振る（抗議する感じ）で
相手に迫り、止まる

イダケリャ　イタチノ　クソツケロ！

大きなイタチのクソを丸め
るしぐさを6回、「ロ」で
相手に投げつける

あそびの展開

・乳児から4歳まではおもちゃのカラスのマリオネットを持って見せます。
・年長児はあそびに入る前に、交互唱で歌い、歌を十分に楽しみます。
・2つのグループに分かれ、じゃんけんをし、勝ったほうが先に歌う。

でんでらりゅうば

■手あそび

長崎県わらべうた

でんでらりゅうば

でん でら りゅうば　でて くる ばってん　でん でら れん けん　でて こん けん

こん　こ られ けん　こ ら れ られん けん　こん　こん

例1　両手で

でん
左手パー　右手グー

でら
左手パー　右手親指
でたたく

りゅう
左手パー　右手人さ
し指、中指でたたく

ば
左手パー　右手きつ
ね（人さし指、小指）
でたたく

この動作のくり返し

（最後に）こーんこん

左手パー、右手こぶしで
2回たたく

例2　両指で

でん	でら	りゅう	ば

親指、人さし指をあわせる　　親指、くすり指をあわせる　　親指、中指をあわせる　　親指、小指をあわせる

この動作のくり返し

（最後に）こーんこん

親指、中指、薬指をあわせて（きつねの手）、こーんこんと動かす

あそびの展開

・でんでらりゅうば―長崎県のことば（出るに出られない理由があるという意味）です。

・NHKテレビの「にほんごであそぼ」で歌っていたように遊びました。

・年長児は両手を使って遊びます。最初はゆっくり歌い、片手で遊んだあと、両手をつかいます。歌にあわせて机などをたたいても楽しいです。

あんたどこのこ

■手あそび

2人組になって、歌のとおりのしぐさをするあそび

あんた　どこのこ　おてらのうらのこ　よくにた顔で
　大阪姉さん　べっぴんさん
アメリカ姉さん　フラダンス
　いちじく　ランラン　らっきょうくって　スイスイ
スイカを食べて　キャッキャッ　キャベツでホイ（じゃんけん）

■「あんた　どこのこ　おてらの　うらのこ」─せっせっせのようにお互いの手をたたく

①　あ　お
手をたたき

②　一　て
相手の手と合わせる

※「あんたどこのこ～よくにた顔で」まで①～⑦のくり返し

③　ん　ら

④　た　の

⑤　ど　う

⑥　この　らの

⑦　こ　こ
「こ」で人さし指で相手を指す

⑧ 手をたたき

⑨ 相手の手と合わせる

大阪姉さん
アメリカ姉さん
いちじく
らっきょうくって
スイカを食べて

⑧〜⑪の
くり返し

⑩

⑪

べっぴんさん

⑫ 両方のほっぺたを人さし指で指す

フラダンス

⑬ 腰に手をやりフラダンスをする

ラ　ンラン

⑭ 手をたたく

スーイスイ

⑮ 両手を前に出し泳ぐまね

スイカを食べて　キャッキャッ

肩を上下に動かす

キャベツで

体の前で両手をぐるぐるまわし

ホイ

じゃんけんをする

お寺のおしょうさん

おてらの　おしょうさんが　かぼちゃの　たねを　まきまし

た　　めがでて　ふくらんで　はながさいたら　ジャン ケン ポン
（かれちゃって）

せっせっせーの　よいよいよい

おてらのおしょうさんが　かぼちゃのたねを　まきました

めがでて　ふくらんで　はながさいたら　かれちゃって（楽譜はここまで）

（以下、唱えるように言って動作をする）

にんぽう　つかって　そらとんで　東京タワーに　ぶつかって

くるりとまわって　じゃんけんぽん

※あそびかたは次のページ

あそびの展開

じゃんけんに勝ったらバンザイ　　（相手をくすぐる）

　　　　負けたら　おじぎ　　（相手にくすぐられる）

あいこで　腰に手をやる　　（握手をする）

せっせっせーのよいよいよい

2人組になって手をつかんで上下する

お

手をたたく

て

右手で相手の手を打つ

ら

両手で相手の手を打つ

の

左手で相手の手を打つ

※「おてらのおしょうさんが　かぼちゃのたねをまきました」まで、
　上の「おてらの」の動作をくり返す

芽が出て

両手を合わす

ふくらんで

両手でつぼみをつくる

花がさいたら

両手で花がさいたよ
うに開く

枯れちゃって

両手を下向きに
ダランとする

忍法つかって

人さし指を立てる

空飛んで

両手を左右に振る

東京タワーに

ぶつかって

手を上に上げ三角にする　相手の手にぶっつけ合う

くるりと回って　じゃんけんぽん

手をかいぐりに回す

■手あそび

つくしんぼ

作詩・町田市鶴川桔梗保育園保育士
採譜者　二本松はじめ

① F
ポッ　と　で　た　ポッ　と　で　た　つ　く　し　ん　ぼ

C7
ポッ　と　で　た　ポッ　と　で　た　つ　く　し　ん　ぼ

② F　　　　　　　　　　　　　　　③ B♭　　C7　　　F
ちょ　う　ちょ　が　と　ん　で　は　る　で　す　ね

ポッとでた　ポッとでた
つくしんぼ（2回）

両手の人さし指でつくしんぼ
をする

ちょうちょがとんで

両手を左右にヒラヒラさせる

はるですね

両腕を上げてバンザイ

あそびの展開

　春の息吹を求めて川原に散歩に出かけました。「つくし」を見つけて摘んで帰り、調理室に持っていき、つくしの佃煮を作ってもらって食べました。ちょっぴりほろにがくても「おいしいね」と満足気な子どもたちです。

親指でつくしんぼ

5本指をあわせて
つくしんぼ
左右にゆらす

ドドッコヤガイン

◎手・腕・足をつかった
あそび

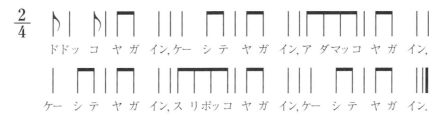

ドドッコヤガイン

$\frac{2}{4}$

ドドッコ　ヤガ　イン、ケー　シテ　ヤガ　イン、ア　ダマッコ　ヤガ　イン、

ケー　シテ　ヤガ　イン、ス　リポッコ　ヤガ　イン、ケー　シテ　ヤガ　イン．

「どどっこ」は魚のこと。

おとなのひざの上に子ど
もを向かい合わせで座ら
せる。子どもの両手を持
ち、手の甲を上にして上
下に4回振る

手の甲が下になるように
ひっくり返して上下に4
回振る

2、3歳児になると自分で両手を前に出し、ひざの上で上
下に4回振る
4、5歳児は
　①両手を前に出し、上下に4回振る。ひっくり返して4
　　回上下に振る
　②右手の甲を上、左手の甲を下に向け、上下4回振る。
　　はじめはひざの上をたたき、慣れてくると両手を前に
　　出してする

◎手・腕・足をつかっ
たあそび

トーキョートニホンバシ

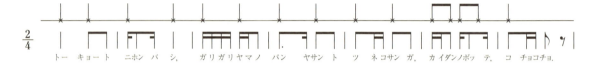

トー キョート ニホン バ シ， ガリガリヤマノ パン ヤサン ト ツ ネコサン ガ， カイダンノボッ テ， コ チョコチョ.

とうきょうと

1本指で手の甲を
2回つつく

にほんばし

2本指で2回つつく

がりがりやまの

手の甲をひっかく

パーンやさんと

手のひらをパンと
たたく

ツーネ子さんが

手の甲をつねる

かいだんのぼって

肩に向かって2本指で
上っていく

こちょこちょこちょ

両脇をこちょこちょとくすぐる

92

あんよなげだす おさるさん

▲ことばあそび

あんよなげだす　おさるさん
顔を洗う　おさるさん
いそいで歩く　おさるさん
さっちょこ立ちの　おさるさん
ごろりとねんねの　おさるさん

あんよなげだす　おさるさん

顔を洗う　おさるさん

いそいで歩く　おさるさん

さっちょこ立ちの　おさるさん

ごろりとねんねの　おさるさん

おまけだよ〜

アンパンマンのおでかけ

■手あそび

本書70ページの「おはぎがおよめに」と楽譜同じ

1　アンパンマンが　おでかけするときは
　　マントとベルトを腰につけ
　　ゆうきをもりもり　たくわえて
　　バイキンマンを　やっつけろ
　　アー　パンチ！

2　ドキンちゃんがおでかけするときは
　　あたまとおしりに　リボンつけ
　　まるいユーホーに　乗りこんで
　　しょくぱんまんに　会いに行く
　　ウーン　チュッ！

3　バイキンマンが　おでかけするときは　　はねでバタバタ空飛んで
　　バイキン円盤に乗りこんで　　いっぱいいたずら　しに行こう　　バイバイキーン！

1　アンパンマンが　おでかけするときは

マントとベルトを腰につけ

アンパンマンの丸い顔を両手で作り、両手を握り振る

首にマント、腰にベルトをするしぐさ

ゆうきをもりもり　たくわえて

バイキンマンを　やっつけろ

アー　パンチ！

両手を握り、右・左に揺する

手をたたく

右手でパンチする

2　ドキンちゃんが　おでかけするときは　　　　　あたまと　おしりに　リボンつけ

ドキンちゃんの指１本で頭をつくり、両手を握る　　リボンの形を両手でつくる

まるいユーホーに　乗りこんで　　しょくぱんまんに会いに行く　　　　　ウーン　チュッ

両手をたたく

投げキッスをする

両手で丸をつくり、入るしぐさ

3　バイキンマンが　おでかけするときは　　　　　はねで　バタバタ空飛んで

両手の人さし指を立て
両手を握る

両手を広げ
バタバタする

バイキン円盤に　乗りこんで　　いっぱい　いたずら　　　　　バイバイキーン
　　　　　　　　　　　　　　　　しに行こう

両手をたたく

バイバイする

両手で丸をつくり、入るしぐ

おまけだよ〜 ペンギンマークの百貨店

■手あそび

ペンギンマークの百貨店

作詞・作曲　犬飼　聖二
採譜者　木下　枝都子

ペン　ギン　　マーク　の　　ひゃっ　か　て　　ん

いっ　か　　い　は　　お　け　しょう　や　　さん　それ

ドッ　　キン　　　ドッ　キン　　ワク　ワク

お　け　しょう　　し　ま　　しょう　　　　（パタ　パタ）

1　ペンギンマークの百貨店
　　1階はお化粧屋さん
　　それ　ドッキン　ドッキン　ワクワク
　　お化粧しましょ　パタパタ

2　ペンギンマークの百貨店
　　2階はスポーツ店
　　それ　ドッキン　ドッキン　ワクワク
　　野球をしましょ　カッキーン
　　　　（＊サッカーしましょ　キック！）

3　ペンギンマークの百貨店
　　3階はおもちゃ屋さん（＊ペット屋さん）
　　それ　ドッキン　ドッキン　ワクワク
　　どれにしようかな　コレ！
　　　　（＊チワワを抱こう）

4　ペンギンマークの百貨店
　　4階はレストラン
　　それ　ドッキン　ドッキン　ワクワク
　　お子さまランチ　もぐもぐ

5　ペンギンマークの百貨店
　　5階は映画館
　　それ　ドッキン　ドッキン　ワクワク
　　静かにしましょう　シー

1、ペンギンマークの百貨店

1階はお化粧屋さん

右手人さし指を立て、
左右に揺らす

両ひざをたたく

それドッキンドッキン　ワクワク

両手を組み胸の前で前後、
両手をグーにして左右

お化粧しましょ　パタパタ

コンパクトを持つしぐさで
両ほほをパタパタする

2　ペンギンマークの百貨店

2階はスポーツ店

右手人さし指・中指を
立て、左右に揺らす

両ひざをたたく

3　ペンギンマークの百貨店

3階はおもちゃ屋さん
（＊ペットショップ）

右手人さし指・中指・
くすり指を立て、左右
に揺らす

両ひざをたたく

それドッキンドッキン　ワクワク

両手を組み胸の前で
前後、両手をグーに
して左右

それドッキンドッキン　ワクワク

両手を組み胸の前で
前後、両手をグーに
して左右

野球をしましょ
カッキーン

＊サッカーしましょ
キック！

野球のバットを持つまね

ボールを蹴るまね

どれにしようかな　コレ！（＊チワワを抱こう）

右手人さし指で子どもたちを指していく
（＊ペットのチワワは2人組になり、ギューと抱く）

4　ペンギンマークの百貨店

両ひざをたたく

4階はレストラン

右手4本（親指以外）
を左右に揺らす

5　ペンギンマークの百貨店

両ひざをたたく

5階は映画館

右手を左右に揺らす

それドッキンドッキン　ワクワク

両手を組み胸の前で
前後、両手をグーに
して左右

それドッキンドッキン　ワクワク

両手を組み胸の前で
前後、両手をグーに
して左右

お子さまランチ　もぐもぐ

両手で皿の形をつくり、どうぞと出し、
食べるまねをする

静かにしましょ　シー

右手人さし指で口に当てる

あそびの展開

立って遊ぶバージョン
両手をペンギンのように腰に手を
当て、おしりを振るしぐさを楽し
んでいました。

■手あそび

大きくなったら

作詞　不詳・アメリカ民謡
採譜者　木下　枝都子

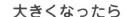
大きくなったら

おお きく　なったら　なん に　なる　　おお きく　なったら　なん に　なる

いち の　ゆび で　なん に　なる　　ちくっと　ちゅうしゃの　おい　しゃさん

1　大きくなったら
　　なんになる
　　大きくなったら
　　なんになる

1の指でなんになる　ちくっと注射のお医者さん

左腕に注射を射す

2　大きくなったら
　　なんになる
　　大きくなったら
　　なんになる

2の指でなんになる　かみの毛切ります　とこやさん

前髪を切るまねをする

3　大きくなったら
　　なんになる
　　大きくなったら
　　なんになる

3の指でなんになる　クリームまぜますケーキ屋さん

左手をボールに見立てまぜる

4　大きくなったら
　　なんになる
　　大きくなったら
　　なんになる

4の指でなんになる　みんなを見守るおまわりさん

右手で4本の指をおでこにあてる

5　大きくなったら
　　なんになる
　　大きくなったら
　　なんになる

手をたたく

5の指でなんになる　ドスコイドスコイおすもうさん

両手で突き出す

せんたく

作詞　二階堂　邦子
作曲　町田　浩志

あ　らって　あ　らって　あ　らって　あ　らって
あ　らって　あ　らって　ひ　と　ま　わ
り　ー

1、あらって　あらって　あらって
　　あらって　あらって　ひと回り

布を洗うまね

布を持ち回る

2、すすいで　すすいで　すすいで
　　すすいで　すすいで　ひと回り

布をすすぐしぐさをする

3、しぼって　しぼって　しぼって
　　しぼって　しぼって　ひと回り

布をしぼるしぐさをする

4、干して　干して　干して
　　干して　干して　ひと回り

5、たたんで　たたんで　たたんで
　　たたんで　たたんで　ひと回り

布を干すしぐさをする

座って布をたたんでいく

●身体を使って遊ぶバージョン（2人組になって向き合う）
　1、2人組になり、両手をつなぎ左右に揺らし、回る
　2、前後に引き合う
　3、しぼるしぐさをする
　4、跳ぶ（＊乳児は「高いたかい」をする）
　5、座ったまま両足を立て、両手を組み、そのまま回る。

あそびの展開

　2人組の遊びを十分楽しんだあと、4人組・8人組・16人組とどんどん人数を増やし、全員で輪になって遊びます。3歳児・4歳児も一緒に遊ぶことで、小さい子への力かげんも考えてできるようになります。

★役交替のあそび

全員　こんこんさん　あそびましょ
オニ　「いま　ねてます」

寝ているしぐさ

全員　こんこんさん　あそびましょ
オニ　「いま　顔あろてます」

顔を洗うしぐさ

全員　こんこんさん　あそびましょ
オニ　「いま　ごはん　食べてます」

ごはんを
食べるしぐさ

全員　何のおかずで？
オニ　「へびの　生きたん」

全員「きゃー」

みんな逃げる
＊オニにつかまった子が、次のオニになる

あそびの展開

　2歳児から遊びます。最初はオニのグループと子どものグループに分かれ、それぞれに保育士がつき、問答あそびを楽しんだあと、オニごっこに発展していきました。つかまると泣く子どももいますが、ルールのあるあそびを取り入れることにより、3歳児クラスになると楽しめるようになります。

おわりに

　私が「手あそび　わらべうた」のあそびを実践するようになったのは、公立保育所（保育士）のときから保育所を異動するごとに子どもたちと楽しんできたからです。30年間勤務し、退職後は、尼崎市のおさなご保育園・むこっこ保育園を実践園にさせていただき、スタートしました。

　それ以後、子育て支援センターきりんはうすの「遊ぼう会」での親子ふれあい、立花ひよこ保育園と通園施設あこや学園とのわらべうた交流など、いろんなかたがたに協力していただき、実践を積み上げることができました。

　今回DVDを制作するにあたって、会場を提供してくださったおさなご保育園の園長はじめ、皆さまには本当にお世話になりました。撮影では、薮田政和さんとスタッフの皆さんが、子どもたちの生き生きした表情と身体の動きをたっぷりと撮ってくださり、このDVDが出来上がりました。

　本書を完成させるために多大な力を注いでくださった、かもがわ出版の鶴岡淑子さんに感謝の思いでいっぱいです。また、楽しいたくさんのイラストを描いてくださったタカノキョウコさん、手あそびの採譜を快く引き受けてくれた木下枝都子さん、表紙絵を描いてくれた田中せいこさん、装幀担当の菅田亮さん、皆さまのご協力があったことに心からお礼を申し上げます。

　「あしたも来てな！」と握手して見送ってくれる子どもたちの笑顔に励まされ、私は今日も自転車で尼崎中を走り回っています。
　本書が保育の現場やご家庭でお役に立ってくれることを願ってやみません。
　2017年12月

梅谷　美子

引用・参考文献

■『おはなしハンカチあそび』花形恵了／著　偕成社（掲載　サンドイッチ）

■『保育の世界＜別冊１＞ことばあそび』コダーイ芸術教育研究所／編　筒井書房（掲載「かたつむり」「こんこんこやま」「ころりやころりや」）

■「くまさんのおでかけ」中川李枝子／作　（公財）東京子ども図書館／編『おはなしのろうそく１』から

梅谷　美子（うめたに　よしこ）プロフィール

1948年　高知県生まれ
69〜99年　尼崎市立保育所に勤務
99年4月〜2017年6月
　　　　子育て支援センターきりんはうす事務局長
1977年から　尼崎保育問題研究会会長
　　　　笑福玉すだれ「ふろしき一座」座長（わらべ）
　　　　世界レインボウ・スティック協会関西支部長
　　　　全国わらべうたの会会員
　　　　日本まりつきの会会員
著者に『子どもと楽しむ手あそびわらべうた』（かもがわ出版）
がある。

DVD付き　手あそび　わらべうた

2018年1月20日　第1刷発行

著者　梅　谷　美　子
イラスト　タカノキョウコ
発行者　竹　村　正　治
発行所　株式会社かもがわ出版
　　　　〒602-8119 京都市上京区出水通堀川西入る亀屋町321
　　　　営業部 ☎075-432-2868　FAX 075-432-2869
　　　　編集部 ☎075-432-2934　FAX 075-417-2114
　　　　振替 01010-5-12436
　　　　http://www.kamogawa.co.jp
印刷　新日本プロセス株式会社
ISBN978-4-7803-0941-6　C0037

JASRAC 出　1713785-701